BEI GRIN MACHT SICH IHR WISSEN BEZAHLT

- Wir veröffentlichen Ihre Hausarbeit, Bachelor- und Masterarbeit

- Ihr eigenes eBook und Buch - weltweit in allen wichtigen Shops

- Verdienen Sie an jedem Verkauf

Jetzt bei www.GRIN.com hochladen und kostenlos publizieren

Konzept eines vereinseigenen Fitnessstudios. Erstellung einer Marktanalyse und Marketingkonzepts

Bibliografische Information der Deutschen Nationalbibliothek:

Die Deutsche Nationalbibliothek verzeichnet diese Publikation in der Deutschen Nationalbibliografie; detaillierte bibliografische Daten sind im Internet über http://dnb.d-nb.de abrufbar.

ISBN: 9783346282163
Dieses Buch ist auch als E-Book erhältlich.

© GRIN Publishing GmbH
Nymphenburger Straße 86
80636 München

Druck und Bindung: Books on Demand GmbH, Norderstedt Germany
Gedruckt auf säurefreiem Papier aus verantwortungsvollen Quellen

Das Buch bei GRIN: https://www.grin.com/document/947567

Inhaltsverzeichnis

1 Marktbeschreibung / -analyse

1.1 Allgemeine Informationen über den Unternehmenstyp

In Bezug auf das sportvereinseigene Fitnessstudio im mittleren beziehungsweise unteren Preissegment werden, wie auch durch die regulären Vereinsangebote des Sportvereins vor allem Eltern und Senioren angesprochen. Durch die Beitragsstruktur mit 25,- Euro pro Monat können auch Personen mit durchschnittlichem Einkommen in dieser Fitness-einrichtung trainieren. Allerdings ist die Preisstruktur, wie in einem Sportverein üblich, so gestaltet, dass auch Jugendliche und junge Erwachsene das Angebot in Anspruch neh-men können. Die genannten Zielgruppenpersonen legen größtenteils, da sie im Verein trainieren, viel Wert auf Gemeinschaftlichkeit, Funktionalität und Familie. In diesen Be-reichen positioniert sich das Fitnessstudio besonders.

Durch besondere Angebote wie Kinderbetreuung, einer Bar im Eingangsbereich zum lo-ckeren Austausch nach dem Training und einem umfangreichen Kurssystem mit Grup-penfitness wird die Zielgruppe genau angesprochen. Gerade auch durch das Angebot des Functional Training-Bereichs werden die Sportvereinsaffinen Mitglieder auf ihre Kosten kommen; diese haben schon vor der Eröffnung des Studios gerne in Gemeinschaft und im Bereich der Funktionellen Fitness trainiert. In folgender Tabelle wird die Produkt-, Preis- und Distributionspolitik des Unternehmens vorgestellt:

Tab. 1: Produkt-, Preis- und Distributionspolitik des Unternehmenstyps (eigene Darstellung, 2017)

Produktpolitik	Preispolitik	Distributionspolitik
➤ 1.100 qm Fläche ➤ Individualtraining an ge-führten Geräten sowie im Freihantel- und Func-tional-Bereich möglich ➤ Kursangebote (Yoga, Pi-lates, Wirbelsäulengym-nastik, Functional Trai-ning uvm.) ➤ Eine Sauna für Männer und Frauen ➤ Bar ➤ Ganztägige Kinderbe-treuung möglich	➤ 25,- € Monatsbeitrag pro Person ➤ Familienmitgliedschaften für nur 20,-€ ab der drit-ten Person	➤ Direktvertrieb: Verkauf von Mitgliedschaften im Studio

1.2 Lage und Standort des Unternehmens

Das sportvereinseigene Fitnessstudio befindet sich in der Fleher Straße 10 in 40223 Düsseldorf-Bilk im Stadtbezirk 3. Bilk ist mit 40.038 Einwohnern einer der bevölkerungsreichsten Stadtteile Düsseldorfs (Landeshauptstadt Düsseldorf, 2016). Den Großteil der Bevölkerung bildet die Altersgruppe der 30- bis 50-Jährigen. Durch die nahegelegene Heinrich-Heine-Universität wohnen in Bilk viele Studenten. Nördlich des Standortes befindet sich ein großes Wohngebiet, welches dicht bebaut ist, im restlichen Stadtteil herrscht eine eher lockere Bebauung.

Begründung zur Wahl des Standortes: Der gewählte Standort ist für meinen Unternehmenstyp besonders gut geeignet, da in der näheren Umgebung viele verschiedene Personen- und Altersgruppen, die ich mit meiner Anlage erreichen möchte, stark vertreten sind. Außerdem bieten sich einige Kooperationsmöglichkeiten mit benachbarten Unternehmen oder Einrichtungen. So wäre es zum Beispiel möglich, mit dem Berufskolleg Bachstraße eine Vereinbarung zu treffen, dass dort eingeschriebene Schüler vergünstigt am Fitnessangebot teilnehmen können oder speziell für deren Klassen Fitness- und Gesundheitskurse angeboten werden. Eine weitere attraktive Möglichkeit zu kooperieren bietet sich beim Grafik-Design-Studio Wildpark in unmittelbarer Nähe. Dieses könnte für die gesamte Unternehmensgruppe ein corporate design entwerfen. Genauer werde ich darauf in Teilaufgabe 2.5 eingehen.

1.3 Bestimmung von zwei Marktgebieten

Mit der Zeit-Distanz-Methode konnten zwei Marktgebiete festgelegt werden. Diese Methode basiert auf der Annahme, dass Kunden darauf achten, wie viel Zeit für die Anfahrt mit dem Auto in Anspruch genommen wird. In Marktgebiet 1 ist das Fitnessstudio mit dem Auto zur Hauptverkehrszeit aus allen vier Himmelsrichtungen in 6 Minuten erreichbar. Der Definition von Marktgebiet 2 liegt zu Grunde, dass das Studio in 13 Minuten mit dem Auto und zu obigen Gegebenheiten erreichbar ist. In der nachfolgenden Abbildung wurden Marktgebiet 1 und 2 mit Hilfe eines Online-Tools der Universität Heidelberg ermittelt. Die Karte liegt in einem Maßstab von 1,6:200.000 vor.

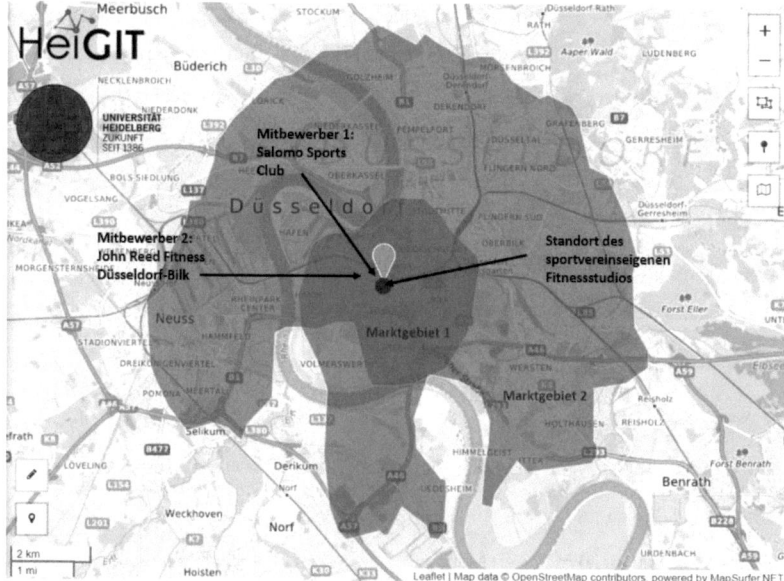

Abb. 1: Standort des Unternehmens, Marktgebiete und Standorte der beiden stärksten Mitbewerber (open-routeservice.org, 2017)

1.4 Makroumfeldanalyse und Abschätzung des Marktpotenzials

Der Kaufkraftindex der Bevölkerung der Stadt Düsseldorf liegt bei 106 (nrwbank.de, 2016, S. 29), die Arbeitslosenquote beträgt 7,4% (Landeshauptstadt Düsseldorf, 2016). Die Altersverteilung ist in Tabelle 2 dargestellt und zeigt, dass am meisten Menschen in Düsseldorf zwischen 30 und 50 Jahre alt sind.

Tab. 2: Altersgruppenverteilung in Düsseldorf 2016 (Landeshauptstadt Düsseldorf, 2016, eigene Darstellung)

Altersgruppe	Anzahl
Unter 6 Jahre	36.463
6 - < 18 Jahre	62.210
18 - < 30 Jahre	97.341
30 - < 50 Jahre	194.500
50 - < 65 Jahre	124.619
65 - <80 Jahre	86.478
80 Jahre und älter	34.093

Die Einwohnerzahl von 90.298 in Marktgebiet 1 setzt sich aus folgenden Stadtteilen und der jeweiligen Anzahl an Einwohnern zusammen (Landeshauptstadt Düsseldorf, 2016):

- Friedrichstadt: 19.984, Unterbilk: 19.052, Flehe: 2.687, Bilk: 40.038, Carlstadt: 2.588, Stadtmitte (ca. ¼ im Marktgebiet): 15.000 / 4 $\triangleq$ 3.750, Hamm (ca. ½ im Marktgebiet): 4399 / 2 $\triangleq$ 2.199

In Marktgebiet 2 mit 180.844 Einwohnern kommen folgende Stadtteile mit den angegebenen Einwohnerzahlen hinzu:

- Neuss (zu vernachlässigen, da das Studio durch geographische Gegebenheiten für deren Einwohner nicht infrage kommt), Oberkassel: 18.840, Niederkassel: 5.970, Pempelfort: 31.897, Derendorf: 20.401, Düsseltal: 28.141, Flingern Nord: 23.851, Flingern Süd: 10.348, Wersten: 27.232, Holthausen (ca. 1/3 im Marktgebiet): 13.041 / 4 * 3 $\triangleq$ 9.780, Himmelgeist: 2.034, Volmerswerth: 2.350

Um das Marktpotenzial in beiden Marktgebieten zu berechnen, werden die Einwohner in Marktgebiet 1 zu 100% gewichtet, die aus Marktgebiet 2 nur zu 70%, da die Wahrscheinlichkeit etwas geringer ist, dass aus diesem, weiter entfernten Bereich, Kunden zum Training in das sportvereinseigene Studio kommen werden. Es wird außerdem von einem Marktpotenzial von 12% ausgegangen.

Rechnung:

Marktgebiet 1: 100% = 90.298 Einwohner

Marktgebiet 2: 70% = 126.591 Einwohner

Marktgebiet 1 und 2 addiert: 216.889 Einwohner

216.889 : 100 = 2.168,89

2.168,89 * 12 = 26.027

Das Gesamtmarktpotenzial beträgt 26.027 Einwohner.

1.5 Wettbewerbsanalyse

Die beiden stärksten Mitbewerber im Marktgebiet sind der Salomo Sports Club (Martinstr. 38-40, 40223 Düsseldorf) und das John Reed Fitness Düsseldorf-Bilk (Völklinger Str. 24, 40221 Düsseldorf).

Beide sind preislich je nach Vertragskonditionen leicht unterhalb, auf selbem Niveau oder auch leicht oberhalb des sportvereinseigenen Studios angesiedelt. Der Salomo Sports Club bietet seinen Mitgliedern Kraft- und Ausdauertraining, Fitness- und Entspannungskurse, eine Sauna und eine Vibrationsplatte. Der John Reed Fitness-Club ist insgesamt etwas spärlicher aufgestellt, im Trainingsbereich allerdings besser gerüstet mit zusätzlichem Functional Tranining und einem Freihantelbereich. Außerdem werden dort standardmäßig ausschließlich Virtual Group Fitness-Kurse angeboten, also Kurse ohne realen Trainer. Laut eigener Aussage steht diese Anlage für die Vereinigung von Fitness, Musik und Design (www.johnreed.fitness/de/, 2017). Der Salomo Sports Club hat sich als Anbieter von ganzheitlichem Training auf dem Markt positioniert, außerdem wird dort viel Wert auf Gesundheit, Familie und Tradition gelegt (www.salomo-sports-club.de/studio/, 2017). Hier lässt sich eine erste Gemeinsamkeit mit dem sportvereinseigenen Studio erkennen, welches sich mit der Fokussierung auf ähnliche Werte etablieren möchte. Eine zentrale Stärke des Salomo Sports Club ist die Möglichkeit zur flexiblen Vertragslaufzeit. Es kann zwischen 6-, 12- und 24-monatiger Mitgliedschaft gewählt werden. Im Studio meines Unternehmenstyps kann lediglich eine Einjahres-Mitgliedschaft, wie in Sportvereinen üblich, abgeschlossen werden. Eine weitere Stärke des Mitbewerbers ist, dass dank der Positionierung im Bereich Familie auch ein attraktives Angebot an Familientraining und Kinderbetreuung vorhanden ist. In diesem Gebiet steht das sportvereinseigene Studio diesem in nichts nach, auch hier wird zum Beispiel eine Familienmitgliedschaft oder eine Ganztagesbetreuung für Kinder angeboten. Zu einer Stärke des John Reed Fitness Düsseldorf-Bilk zählt, dass schon mit einem geringen Monatsbeitrag von 25,00 Euro das Trainieren in allen deutschen Filialen der Studio-Kette, sowie der Partner-Unternehmen McFit und High5 möglich ist. Eine solche Möglichkeit gibt es bei einem Fitness-Studio eines Vereins dieser Größe selbstverständlich nicht, dennoch wird versucht, durch gezielte Kooperationen mit Unternehmen bzw. Einrichtungen aus der näheren Umgebung, unser Fitness- und Gesundheitsangebot für die Mitglieder so attraktiv wie möglich zu gestalten. Eine zweite Stärke ist, dass der Trainingsbereich sehr umfangreich gestaltet ist. So gibt es in der Filiale in Düsseldorf einen Functional Training- und einen Freihantelbereich. Im Vergleich zu dem neueröffnenden Studio ist das zwar kein Angebotsvorteil, für den geringen Preis und die guten Vertragskonditionen allerdings dennoch eine umfangreiche Angebotsgestaltung.

Auf der Suche nach Schwächen bei den beiden stärksten Mitbewerbern fällt als erstes bei John Reed Fitness auf, dass hier kein Sauna- oder Wellnessbereich vorhanden ist, um nach dem Training zu entspannen bzw. miteinander Zeit zu verbringen. Ein weiterer

Nachteil, welcher eventuell von einigen potenziellen Kunden als inakzeptabel betrachtet werden könnte, ist die Tatsache, dass im Kursprogramm lediglich sogenannte Virtual-Group-Fitness-Kurse stehen. Das sind Kurse mit einem virtuellen Trainer, der allerdings z.b. keine Rückmeldung über eine falsche Übungsausführung gibt. Eine erste Schwäche des Salomo Sports Club ist ebenfalls im Bereich des Kursprogrammes zu finden. Dort können, im Gegensatz zum sportvereinseigenen Studio keine Gäste an Kursangeboten teilnehmen, sondern nur zahlende Mitglieder. Als zweite Schwäche ist zu nennen, dass mit dem Abschließen einer Mitgliedschaft lediglich in einem Studio trainiert werden kann. Auch in unserem Sportvereinsstudio ist das der Fall, im Vergleich zum John Reed Fitness Club ist das ein klarer Wettbewerbsnachteil.

2 Marketingplanung

2.1 Budgetplanung

Das Jahresmarketingbudget berechne ich für diese Aufgabe mit der Methode „Marketing-kosten pro Neukunde". Dies ist eine schnelle, einfache und zukunftsorientierte Methode, welche allerdings mit Planzahlen arbeitet. Somit ist ein ständiges Controlling erforderlich. Die erfahrungsgemäßen Marketingkosten pro Neukunde betragen 20,00€, geplant sind 450 Mitglieder nach dem ersten Geschäftsjahr. Werden diese beiden Zahlen miteinander multipliziert kommt man auf das Jahresmarketingbudget fürs erste Geschäftsjahr von 9.000€.

Rechnung:
450 x 20 € = 9000€

2.2 Kommunikationspolitik

Um die Vermarktungskampagne zwei Monate vor Eröffnung des Studios möglichst umfangreich gestalten zu können, wurden von mir zur vorgegebenen Werbung als zweites und drittes Instrument das Direkt-Marketing und die Öffentlichkeitsarbeit ausgewählt. Für das Direkt-Marketing habe ich mich entschieden, da diese Methode besonders gut geeignet ist, um bereits bestehende Vereinsmitglieder persönlich anzuschreiben und über die Neueröffnung zu informieren. Die Mitglieder der Altersgruppe der 50-Jährigen und älter legen Wert auf die persönliche Ebene, gerade als Mitglied in einem Sportverein. Aus diesem Grund ist es eine wichtige Kundenbindungs- bzw. für das Fitnessstudio eine Neukundengewinnungsmaßnahme, Interessenten mit einem persönlichen Brief direkt anzuschreiben. Die Öffentlichkeitsarbeit als letztes Instrument von dreien wurde gewählt, da diese immer mehr an Bedeutung gewinnt. Sie hat primär keine Verkaufsabsichten, sondern soll langfristig ein positives Bild des Unternehmens oder des Vereins in der Öffentlichkeit schaffen.

Das Ziel der Vermarktungskampagne ist es, schon vor der Eröffnung einerseits die bereits bestehenden Vereinsmitglieder zu binden und für das neue Angebot zu begeistern, andererseits aber auch in der Öffentlichkeit wahrgenommen zu werden und somit neue Mitgliedschaften von extern abzuschließen. Langfristig gesehen soll die Öffentlichkeitsarbeit dafür sorgen, dass mit dem Sportverein und seinem Fitnessstudio positive Eigenschaften verbunden werden und Interessenten Vertrauen zu dieser Einrichtung aufbauen.

Zu den Inhalten der Kampagne im Bereich des Direkt-Marketings ist geplant, bereits bestehende Vereinsmitglieder in einem persönlichen Brief anzuschreiben, über das zusätzliche Sport-, Wellness- und Betreuungsangebot zu informieren und gegebenenfalls bereits zu einer Vorab-Mitgliedschaft zu raten, um die vorbildliche Vereinsarbeit weiterhin zu unterstützen. Die Reaktionsquote dieser Personen auf Informationen des Vereins ist vermutlich höher als bei Fremden, da diese bereits Vertrauen zum Sportverein, dessen Verantwortlichen und dem Sportangebot haben. Der Bereich der Öffentlichkeitsarbeit beinhaltet viele Aspekte, um einen wichtigen zu nennen soll in den Düsseldorfer Tageszeitungen einmal monatlich ein Bericht des Studiochefs oder seiner Mitarbeiter veröffentlicht werden, in dem aktuelle Gesundheits- oder Fitnessthemen behandelt werden. Durch diese Maßnahme wird auf das Studio als Fitness- und Gesundheitsanbieter aufmerksam gemacht und beim Leser das Gefühl erzeugt, dass das sportvereinseigene Fitnessstudio ein kompetenter Partner in Sachen Gesundheit ist. Außerdem werden die Leser dadurch für die Bereiche Gesundheit und Prävention sensibilisiert.

Der Teilbereich der Werbung ist noch deutlich ausführlicher in Planung, darauf werde ich in Teilaufgabe 2.3 und 2.4 näher eingehen.

Die zeitliche Organisation der Kampagne sieht wie in folgender Tabelle dargestellt aus:

Tab. 3: Zeitliche Organisation der Vermarktungskampagne (eigene Darstellung, 2017)

Was?	Bis wann?
Anzeige für Wochenblatt aufgeben	Bis 4 Wochen vor Kampagnenstart
Plakate gestalten	Bis 3 Wochen vor Kampagnenstart

Flyer gestalten	Bis 3 Wochen vor Kampagnenstart
Adressaten für Brief zusammenstellen	Bis 3 Wochen vor Kampagnenstart
Serienbrief schreiben + Adressen einpflegen	Bis 2 Wochen vor Kampagnenstart
Plakate in Auftrag geben	Bis 2 Wochen vor Kampagnenstart
Flyer in Auftrag geben	Bis 2 Wochen vor Kampagnenstart
Zeitungsberichte zu jeweils aktuellen Gesundheitsthemen verfassen	bis 2 Wochen vor Kampagnenstart
Ersten Zeitungsbericht an Redakteur senden	Bis eine Woche vor Kampagnenstart
Flyer auf Wochenmarkt verteilen	Wöchentlich ab Woche des Kampagnenstarts
Plakate in Geschäften aushängen	Woche des Kampagnenstarts
Serienbriefe an Mitglieder verteilen	Woche des Kampagnenstarts
Zeitungsbericht an Redakteur senden	3. und 7. Woche nach Kampagnenstart

Der Erfolg der Kampagne wird nach der Eröffnung überprüft, indem jedes Neumitglied befragt wird, wie es von der Neueröffnung erfahren hat. Die Antworten werden gesammelt und es wird ausgewertet, welche Maßnahme am meisten Neumitglieder hervorgebracht hat. Das Ergebnis der Befragungen wird in zukünftige Marketingplanungen mit einfließen, da sie zeigt, wodurch am meisten Menschen erreicht werden konnten.

2.3 Werbeplanung

Die drei Werbemittel, welche meiner Meinung nach am sinnvollsten für den gegebenen Unternehmenstyp unter Berücksichtigung des Werbebudgets sind, sind Plakate, Flyer und wöchentlich eine Anzeige im Teilbereich eines Wochenblattes. Die Plakate, welche als Außenwerbung von Mitarbeitern in Düsseldorfer Geschäften ausgehängt werden, sollen dafür sorgen, dass eine breite Masse an Personen regelmäßig Kontaktpunkte mit der Fitnessstudioeröffnung hat. Beim Betreten vieler Geschäfte wird der Kundschaft das Plakat auffallen, das Unternehmen wird nach einigen Kontaktpunkten wiedererkannt und es wird somit Vertrauen aufgebaut. Die Flyer werden auf dem örtlichen Wochenmarkt an Passanten und Interessenten verteilt. Diese haben durch das Medium der Flyer einen weiteren Kontaktpunkt mit dem Unternehmen und bekommen wichtige Informationen vermittelt. Auf den Flyern wird mit einigen Bildern einprägsam und eindrucksvoll das Innere des neuen Studios vorgestellt und somit die Vorfreude gesteigert und die Wahrscheinlichkeit erhöht, dass zur Eröffnung viele neugierige Personen kommen werden. Das dritte Werbemittel ist eine Anzeige im Düsseldorfer Anzeiger, welche speziell auf das Kinderbetreuungsangebot aufmerksam macht und das familiäre Ambiente des Studios hervorhebt. Die Anzeige wird lediglich im Teilbereich 3E gedruckt, welcher in Düsseldorf-Friedrichstadt-, Bilk- und Oberbilk verteilt wird, um eine zu große Streuung zu vermeiden und somit nur Menschen im Marktgebiet anzusprechen. Das Wochenblatt wird einer

Tageszeitung in diesem Fall vorgezogen, da es eine deutlich längere Verweildauer (ca. 7 Tage) hat, als eine Tageszeitung mit täglicher Neuauflage (1-2 Tage).

2.4 Kostenkalkulation / Budgetvergleich bei der Werbeplanung

Für die gesamten Werbemaßnahmen stehen 20% des geplanten Jahresmarketingbudgets zur Verfügung. In Zahlen bedeutet das, von 9000€ Jahresbudget sind 20% 1800€. Im Vergleich zu kommerziellen Anbietern, welche einen höheren Monatsbeitrag verlangen, aber auch mehr Kunden gewinnen müssen, um rentabel zu sein, ist dieser Betrag sehr gering. Als Verein mit eigenem Fitnessstudio wird das Budget allerdings ausreichen, da bestimmte Infrastrukturen schon vorhanden sind. Beispielsweise müssen weniger Kunden komplett neu geworben werden, da der Verein bereits eine Mitgliederbasis hat, welche als potenzielle Kundschaft gesehen werden kann.

In der folgenden Tabelle werden alle Werbekosten detailliert aufgezeigt:

Tab. 4: Kosten der Werbemaßnahmen (eigene Darstellung, 2017)

Werbemaßnahme	Kosten
Plakate gestalten (3 Std. à 20€ Mitarbeiter-Zeit)	60,00€
Plakate drucken lassen (250 Stück, A3, flyer-pilot.de)	51,40€
Plakate verteilen (2 x 10 Std. à 20€ Mitarbei-ter-Zeit)	400,00€
Flyer gestalten (3 Std. à 20€ Mitarbeiter-Zeit)	60,00€
Flyer drucken lassen (2.500 Stück, A5, flyer-pilot.de)	83,05€
Flyer verteilen (2 MA je 18 Std. à 20€ Mitar-beiter-Zeit)	720,00€
Anzeige Düsseldorfer Anzeiger, Teilausgabe 3E für Friedrichstadt, Bilk und Oberbilk (8 Wo-chen)	150,00€
Gesamtkosten	1.524,45€

Der errechnete Anteil von 1.800€ am Jahresmarketingbudget für die Werbung im Vorfeld der Neueröffnung wird annähernd vollständig ausgenutzt. Dieses Ergebnis kann allerdings nur durch den starken Einsatz der Mitarbeiter erzielt werden, welche z.B. selbstständig die Plakate an Geschäfte im Einzugsgebiet verteilen und aufhängen. Die Kosten wären nicht mehr tragbar, würden die Plakate durch externe Anbieter an Litfaßsäulen oder ähnlichen Werbeträgern angebracht werden. Durch die sehr niedrigen Preise des Online-

Drucks von Werbematerialien können in diesem Bereich die Kosten ebenfalls gering gehalten werden. Auch die Anzeige im Düsseldorfer Anzeiger ist vergleichsweise günstig, weil sich hier auf den Druck in einer Teilausgabe beschränkt wird, welche nur im Marktgebiet verteilt wird.

Eine Optimierungsmöglichkeit für die Zukunft ist, bei der Online-Werbung präsenter zu sein. Auch dort kann mit wenig Budget eine große Zielgruppe erreicht werden. Da im Marktgebiet viele junge Menschen leben, welche viel Zeit in sozialen Netzwerken verbringen, wäre das eine attraktive Möglichkeit, um für sich Werbung zu betreiben. Denkbar ist beispielsweise eine Werbeanzeige auf Facebook oder Instagram oder auch eine Anzeigen-Schaltung in der Google-Suche, um bei bestimmten Suchbegriffen schneller und einfacher gefunden zu werden.

2.5 Synergieeffekte im Rahmen der Kommunikationspolitik

Ein Vorteil für alle Unternehmenstypen wird sein, dass durch die gute Marktverteilung der verschiedenen Studios in Düsseldorf Passanten und mögliche Interessenten überall in der Stadt mit Werbemitteln und Werbebotschaften, welche alle von derselben Unternehmensgruppe stammen, konfrontiert werden. Durch ein einheitliches Design der Werbemittel, das sogenannte ‚corporate design' der Unternehmensgruppe wird diese immer wieder erkannt, was zu Vertrauen und Interesse bei potenziellen Kunden führt. Durch das ‚corporate design' können außerdem bei jeder Werbeaktion jedes Unternehmenstyps Kosten gespart werden, da nicht jedes Mal ein komplett neues Design der Flyer oder Plakate entworfen werden muss und soll, sondern eine gewisse Grundstruktur immer gleichbleibt. Der Wiedererkennungswert der Marke wird damit sichergestellt. Wie bereits in der Begründung zu meiner Standortwahl angekündigt, wäre es außerdem eine sinnvolle Idee, mit einem Nachbar des sportvereinseigenen Fitnessstudios, dem ‚Grafik-Design-Studio Wildpark' zu kooperieren. Dieses kann das gesamte ‚corporate design' der verschiedenen Unternehmenstypen zusammenführen und vereinheitlichen. Dadurch würden Kosten gespart im Vergleich zur Situation, wenn jedes Studio selbst ein ‚corporate design' entwirft. Außerdem ist insgesamt mit höheren Gewinnen zu rechnen, wenn sich alle Studios der Unternehmensgruppe einheitlich auf dem Markt präsentieren.

3   Abschlussstatement

Insgesamt bin ich der Meinung, Düsseldorf ist eine attraktive Stadt für die Unternehmensgruppe, da sie sehr vielfältig ist. Zum einen gibt es wie in jeder Großstadt viele junge
Familien und Studenten, welche auf niedrige Preise und ein einfaches Angebot Wert legen, zum anderen sind in Düsseldorf viele Geschäftsleute wohnhaft oder haben dort ihren
Arbeitsplatz, was den Standort auch für Premium-Anbieter attraktiv macht. Durch den
demographischen Wandel in Deutschland gibt es auch in Düsseldorf immer mehr ältere
Menschen, welche mit immer mehr gesundheitlichen Problemen leben. Diese möchten
durch Gesundheitszentren oder Physiotherapeuten betreut werden und sind oft auch be-
reit, etwas mehr Geld zu bezahlen. Durch die genannten Begebenheiten lässt sich erkennen, dass mit der Positionierung der Unternehmensgruppe eine sehr breite Zielgruppe
angesprochen wird, was eine große Chance ist. Ein Risiko in Düsseldorf ist allerdings,
dass die Konkurrenz durch weitere Fitness- und Gesundheitsanbieter sehr groß ist. Meiner
Meinung nach hat das Studio im Premium-Segment die größten Chancen auf Erfolg, da
es einen guten Standort in der Innenstadt hat. Dort arbeiten viele Geschäftsleute bei Ban-
ken oder großen Unternehmen, welche viel Geld für Exklusivität bezahlen, die in diesem
Studio gegeben ist. Außerdem ist es durch die Monatsmitgliedschaft für Geschäftsrei-
sende attraktiv, welche nur ab und zu in Düsseldorf sind und somit nur Beiträge bezahlen,
wenn sie auch wirklich vor Ort trainieren können. Alle Unternehmenstypen würde ich
dennoch an den gewählten Standorten eröffnen, da jeder Standort gut begründet ist und
die nötigen Umgebungseigenschaften vorweisen kann. So leben in der Nähe des Damen-
studios viele junge Familien und es gibt einige Schulen und Einkaufsmöglichkeiten, welche es für junge Mütter attraktiv machen, zum Beispiel das Fitness-Studio mit dem Wo-
cheneinkauf zu verbinden. Das EMS-Studio befindet sich in der Nähe eines großen Bü-
roparks, wo viele Arbeitnehmer beschäftigt sind, welche nur wenig Freizeit haben und
somit für sie ein zeitsparendes EMS-Training das Richtige ist. Das Gesundheitsstudio
befindet sich in einer Wohngegend mit überwiegend älterer Bevölkerung, was es für die
Zielpersonen gut möglich macht, dieses zu Fuß zu erreichen. Das sportvereinseigene Studio wird in einer Gegend mit ebenfalls vielen Familien eröffnet. Allerdings befindet sich
in der Nähe auch eine Universität, weshalb das Fitnessangebot zu attraktiven Preisen auch
für Studenten interessant sein wird.

4 Literaturverzeichnis

Landeshauptstadt Düsseldorf. (2016). *Amt für Statistik und Wahlen, Statistikabzug aus dem Einwohnermelderegister. Stand: 31.12.2016.* Zugriff am 23.11.2017. Verfügbar unter: https://www.duesseldorf.de/fileadmin/Amt12/statistik/stadtforschung/download/stadtteile/Bilk_036.pdf

Universität Heidelberg. (2017). *Openrouteservice.* Zugriff am: 09.11.2017. Verfügbar unter: https://openrouteservice.org/directions?n1=49.409445&n2=8.692953&n3=13&b=0&k1=en-US&k2=km

NRW.BANK. (2017). *Regionalwirtschaftliche Profile Nordrhein-Westfalen 2017 Wirtschaftsregion Düsseldorf.*, 29 Zugriff am: 05.12.2017. Verfügbar unter: https://www.nrwbank.de/export/sites/nrwbank/de/corporate/downloads/presse/publikationen/regionalwirtschaftliche-profile-nrw/NRW.BANK_Wirtschaftsregion_Duesseldorf_2017.pdf

Landeshauptstadt Düsseldorf. (2016). *Arbeitskreis "Erwerbstätigenrechnung des Bundes und der Länder", IT.NRW, Statistik der Bundesagentur für Arbeit.* Zugriff am: 29.11.2017. Verfügbar unter: https://www.duesseldorf.de/fileadmin/Amt12/statistik/stadtforschung/download/stadtbezirke/Duesseldorf_kompakt.pdf

Landeshauptstadt Düsseldorf. (2016). *Amt für Statistik und Wahlen, Statistikabzug aus dem Einwohnermelderegister.* Zugriff am: 23.11.2017. Verfügbar unter: https://www.duesseldorf.de/fileadmin/Amt12/statistik/stadtforschung/download/stadtbezirke/Duesseldorf_kompakt.pdf

Landeshauptstadt Düsseldorf. (2016). *Stadtgebietsprofile – Stadtbezirke und Stadtteile.* Zugriff am: 23.11.2017. Verfügbar unter: https://www.duesseldorf.de/statistik-und-wahlen/statistik-und-stadtforschung/duesseldorf-in-zahlen.html#c122279

McFit Global Group GmbH. (2017). *John Reed Fitness.* Zugriff am: 26.11.2017. Verfügbar unter: https://johnreed.fitness/de/

Salomo Sports Club GmbH. (2017). Zugriff am: 26.11.2017. Verfügbar unter: http://salomo-sports-club.de/studio/

5   Abbildungs- und Tabellenverzeichnis

5.1 Abbildungsverzeichnis

5.2 Tabellenverzeichnis